AF186322

Träne des Windes

Das Kind der Freiheit

Buchbeschreibung:

Warum erfreut ihr euch nicht? Schaut an, euer Gesicht. Die Vollkommenheit euerer Hände. Das Wunder eurer Beine. Die Füße wie sie euch tragen. Die Farben der Augen. Die Musik des Herzens. Wie die Luft belebt eure Lungen, Blutkörperchen, wie sie durch die Venen rasen, wie Autos auf Autobahnen. Die göttlichen Sinne. Das Riechen. Das Schmecken. Das Fühlen und das Licht. Vor lauter Wunder, sehen wir das Göttliche nicht.

Über den Autor:

Der italienische spirituelle Arbeiter/Philosoph Lorenzo-Salvatore Cordí ist in Deutschland geboren und aufgewachsen. Er ist ein sehr naturverbundener und gläubiger Mensch. Er lebt heute in einer ländlichen Umgebung in einer kleinen Gemeinde in NRW.

Schon als Kind hatte er ausgeprägte sensitive Fähigkeiten und konnte sehen und wahrnehmen, was anderen verborgen war. Nach einschneidenden persönlichen Erkenntnissen erkannte er seine Leidenschaft zur Poesie.

Träne des Windes

Das Kind der Freiheit
von
Lorenzo-Salvatore Cordí

1. Auflage,
©Lorenzo Salvatore Cordí
Die Rechte liegen beim Autor
Alle Rechte vorbehalten.
lorenzo.s1312@gmail.com
www.lorenzo-salvatore.de

tredition GmbH
Halenreie 40-44
22359 Hamburg

978-3-347-22702-6 (Paperback)
978-3-347-22703-3 (Hardcover)
978-3-347-22704-0 (e-Book)

Das Werk, einschließlich seiner Teile, ist urheberrechtlich geschützt. Jede Verwertung ist ohne Zustimmung des Verlages und des Autors unzulässig. Dies gilt insbesondere für die elektronische oder sonstige Vervielfältigung, Übersetzung, Verbreitung und öffentliche Zugänglichmachung.

Bibliografische Information der Deutschen Nationalbibliothek:
Die Deutsche Nationalbibliothek verzeichnet diese Publikation in der Deutschen Nationalbibliografie; detaillierte bibliografische Daten sind im Internet über http://dnb.d-nb.de abrufbar.

Inhalt

Prolog

Nationen dieser Welt, schafft eure Grenzen ab! An alle Religionen dieser Welt, behaltet eure Vielfalt und strebt zusammen. Ihr sollt das Licht der Welt sein, eure Aufgabe sollte es sein „Frieden" zu verbreiten, und nicht die Menschen mit Dogmen hindern, sich zu entfalten! Gewiss nur Gott weiß, was ich im Herzen trage. Ich habe nichts gegen Religionen oder Traditionen, solange sie der Wahrheit entsprechen und keine Menschen spalten oder diskriminieren nur, weil sie anders denken, sprechen, glauben oder essen! Für die Menschheit und unseren Planeten wäre es kein Gewinn, wenn es nur eine Religion gäbe und nur eine Regierung eine Sprache. Gerade deshalb liebe ich unseren Planeten, wegen seiner Vielfalt!

Kommt, ich lade euch ein, setzt euch hin, macht es euch gemütlich. Seit ihr alle da? Wenn wir uns bewegen wie auf Dornen, ist jedes Wort, aus unserem Munde verlogen.

Unendlichkeit

Ein Kind wurde geboren. Es geschah in einem kurzen Augenblick. An einem stillen Ort. Dunkelheit, frei, behütet von Gott. Ein Schrei durchbricht die Leere. Ein Knall schlägt Wellen. Eine Druckwelle, die sich ausdehnt, es ist da, es ist geboren, verzaubernde Schönheit, ihr Name Unendlichkeit.

Die Göttlichkeit

Siehst du sie? Kannst du sie sehen? Die Göttlichkeit, die uns umgibt. Das Universum, die Natur, die Sonne, das Licht. Die Dunkelheit, wie sie den Tag durchbricht. Im Wald begann ich zu spazieren, ich sah die Vollkommenheit der Tiere. Am Fluss spazierte ich entlang. Zugleich genoss ich den Wasserklang. Du, ich, wir zwei. Nur mit dir bin ich frei.

Klagelied

Verzweifelt schau ich zu, wie sich die Menschen vernichten im Nu.
Was sind zweitausend Jahre? Schaut, was alles geschah. In einem
kurzen Augenblick erwachte das Licht. Ein weiterer
Wimpernschlag, die Menschen lagen in einem tiefen Wassersarg.
Eben erst vergangen, wird alles erneut geboren, die Hoffnung ist nie
verloren. Doch kleiner wird der Garten, denn der Schöpfer wird
wieder verraten. Wollt ihr wahrhaftig dort verweilen? Schlau
scheint ihr alle zu sein, erinnern tut ihr euch nicht mehr, oh nein.
Adam, Eva, Abel, Kain. Erzählte ich euch nicht, wie es ist, wenn
man Liebe annimmt, mehr noch, gibt?
Ungestört passiert er die Grenze, seine Armee von Dämonen hat
kein Ende. Eingreifen dürfen sie nicht, denn noch herrscht das
Licht. Erkennen wir sie? Unter uns leben welche, sehen aus wie du
sowie ich, wie Mann sowie Frau, nur die Kinder werden beschützt.
Der Flüsterer stolziert, unbemerkt unter uns, versteckt hinter der
Maske der Ahnen. Was für eine Visage. Nach außen nett, spricht
über Gott wie die Welt. Doch nur eines hat er im Sinn, zu benebeln
unser Hirn. Spricht uns Zweifel zu, macht uns unsicher, doch die,
die an Gott glauben, ihn von Herzen lieben, lassen sich nicht
beirren. Lassen wir Vertrauen zu? In der Macht des Herzens?
Vertrauen? In der vollkommenen Liebe? Die Verlockung ist für viele
zu gewaltig, die Verlockung der üblen Nachrede. Gott beschütze
mich, die Verlockung einfach nur faul zu sein, beschütze mich, der
Verlockung gierig zu werden, der Verlockung sich einfach zu
verlieren, Gott beschütze uns alle, umarme uns mit all deiner Liebe.
Der Flüsterer, das Böse, das Gottlose wird zurückgedrängt. Die
Maske der Ahnen wird ihnen entrissen. Ihr wahres Gesicht kommt
hervor. Meine erste Erfahrung zu dem Zeitpunkt, ein kleiner Junge,
in die Wohnung meiner Eltern, kam ich herein, still. Den ersten
Schritt im Flur, den zweiten Schritt durch die Tür. Links das
Wohnzimmer, kaum die Schwelle übertreten, ein Schatten an
meiner Rechten, er verschwand. Angst, Panik ergriffen mich. Voller
Furcht schloss ich die Tür.

Stummer Schrei, was mach ich? Schau ich noch nach? Ist es erzürnt? Ja ich sah ihn, farbneutral, rein, hell wie ein Licht, Ruhe kehrte ein. Ein warmes, vertrautes Gefühl, heute verstehe ich, es entsprang ein Engel. Engel verweilen immer unter uns, mal Mensch mal Tier, in Art von Licht wie Gespür. Wir schauen in den Nachthimmel, vor lauter Sterne erkennen wir die Engel nicht. Ich sah den Zweiten, er stieg hoch in die Weiten. Jeden Tag geschehen Wunder, erkennen wir sie? Wir sterben jeden Tag und stehen wieder auf. Jeden Tag, die Wunder vor unseren Augen. Kinder werden geboren, aus einem Tropfen, eingenistet im Mutterschoß. Wir leben in unseren Kindern weiter, unsere Kinder in deren Kindern. Somit lebt jeder Mensch unendlich. Von Generationen über Generationen werden wir immer wieder erneut geboren. Der Tod, das Tor in die Unendlichkeit. Verbunden mit dem Licht Gottes. Ich stelle nichts infrage, selbst wenn er schickt eine Plage. Im Norden regnet es 365 Tage. Im Süden ist es staubtrocken. Warum die Berge aufstocken? Warum passiert dies, warum passiert das? Alles passiert aus einem Grund. Mit vierzehn Jahren schwebten über meine Familie dunkle Geister, aus längst vergessenen Zeiten. Ein Unheil geschah, viele Tränen, Depressionen. Hoffnung hielt das Licht am Brennen. Ich stelle nichts infrage! Nach Tod kommt Leben, nach Leben kommt Tod, nach Sonne kommt Regen, nach Leid kommt Glück, Stück für Stück. Vom Leben gekennzeichnet, von verräterischen Händen gestreichelt. Im Kopf fängt es an, bis hin durch die Brust. Ich wurde geküsst, ebenso verraten, alles hab ich gegeben, nie wieder will ich das erleben. Jetzt werde ich geliebt, mein Herz erwachte. Weinend betete ich, Gott hat mich erhört. Jetzt endlich bin ich angekommen, an meinem geliebten Ort. Immer wollte ich dorthin, wo ich jetzt bin. Ich bin nur einer unter vielen, wünsche allen Menschen Frieden, mögen es die Menschen noch hinbiegen.

Mein Held

Gefangen sein in einer Welt, Neid, Habgier und Geld.
Gott sei Dank meine Gedanken sind frei, der Stern, mein Weg-
weiser.
Es ist besser fortzugehen, als an jenen Ort zu stehen.

Das Kind der Freiheit

Erinnert euch, wie es entsprang, das Wunder. Frei geboren, dem Himmel vertraut. Die Sonne auf der Haut, der Wind in den Haaren. Die Freiheit in den Augen. Mit nackten Füßen über Gräser laufen. Kind der Hoffnung! Erhobenen Hauptes, frei! Die Engel stets dabei. Könnt ihr euch erinnern?

Der Warner

Gott erschuf die Welt, in all ihrer Pracht, was haben wir bloß daraus gemacht.
Die Menschen mit all ihrer Liebe, gönnen sich alles, außer Frieden.
Es fielen mal die Worte: „Jeder trägt seine Last alleine."
Nicht für ihn, und niemals für die Eine.
Nicht die Nacht verdirbt uns den Tag, sondern der Neid,
und die Habgier bringt uns in den Sarg.
Ein Mann mahnte uns, und wir hörten nicht hin.
Sein Name, der Wanderer, Friede sei mit ihm.

Die Sehnsucht

An dich denke ich, immer und immer wieder, mein Herz, und all meine Glieder, werden starr vor lauter Bilder.
Von dir in meinen Träumen, wie wir stehen vor unseren Zäunen.
Der Abgrenzung unserer Träume.
Die Grenze will ich durchdringen, mit dem Band der Liebe an mich binden.
Mit meinen Fingerspitzen, über deinen zarten Körper streicheln, nur die Augen sprechen lassen.
Stehen uns gegenüber, wie Gott uns schuf, unsere Köpfe rot wie Glut.
Unsere Körper schweißgebadet, zart wie Rosenblätter deine Haut.
Diese Nacht will ich dich lieben.
Dein Atem an meinem Halse spüren.
Meine Lippen, deine berühren.

Der Beobachter

Der Beobachter, imposant, verwurzelt im Erdreich steht er da, der Kundschafter. Schaut tief in die Seele der Menschen hinein, ob jung oder alt. Pompös, mehr noch kraftvoll, ragt er im Himmel empor. Der Beobachter, ihm machen wir nichts vor. Anziehend, prachtvoll in all seinen Farben, hörte ich ihn sagen, „Ihr fragt und wollt allwissend sein, dennoch, würdet ihr mich vermissen. Eure Hände entrissen mich aus Gottes Erdreich. Ich bin der Beobachter, dass was ich sehe, gebe ich weiter, denn ich bin des Himmels Nähe.“

Dein Beistand

Kraftvoll wie ein Löwe, hart wie ein Fels, weich wie der herrlichste Strand. Ich bin dein persönlicher Beistand. Stehe dir bei, bei Tag und bei Nacht, wie ein Engel, der über dich wacht.

Das Wunder

Warum erfreut ihr euch nicht? Schaut an, euer Gesicht. Die Vollkommenheit eurer Hände. Das Wunder eurer Beine. Die Füße wie sie euch tragen. Die Farben der Augen. Die Musik des Herzens. Wie die Luft belebt eure Lungen, Blutkörperchen, wie sie durch die Venen rasen, wie Autos auf Autobahnen. Die göttlichen Sinne. Das Riechen. Das Schmecken. Das Fühlen und das Licht. Vor lauter Wunder sehen wir das Göttliche nicht.

Die Sinne

Leg dich hin am Strand. Schalte ab deinen Verstand. Begreife deine
Sinne. Das Rauschen des Wassers. Die leichte Brise, die deinen
Körper streichelt. Salz auf deine Lippen. Der Himmel Azur. Das
Wasser kristallklar. Die Klänge der Bäume, durchströmen wie
Engelsmusik, mit einer göttlichen Raserei, deinen Körper. Uhhh ...
Jaaa ... Es ist episch! Es ist himmlisch! Es ist göttlich!!

Der Regenbogen

Der Regenbogen mit all seinen Farben, berührte uns. Ich hörte dich Fragen … „Ist es nicht eine Augenweide, wie die Herbstblätter fallen?" Das Zusammenspiel von Sonne wie auch Regen. Wie die Vögel ihre Flügel schlagen. Wie das Wasser das Licht bricht. Dann die Nacht, der Mond, das Sternenlicht. Der Mann mit dem Schirm in der Hand, im Nebel verschwand. Wie die Engel mit ihm schlendern am Straßenrand. Unsere Sinne. Unsere Augen. Wir sehen das Ende des Regenbogens.

Kinder dieser Erde

Ein Schrei begleitet uns durch das Weltall. Mit universeller Sprache spricht es uns an. Begleitet uns von Anfang an. Springt auf, auf den Zug der Unendlichkeit. Kommt mit mir. Ich zeige euch das Leben. TANZT! Tanzt den Tanz der Glückseligkeit. Wir entspringen alle aus einer, wir, Kinder dieser Erde.

Die Farben des Regenbogens

Singend stolziere ich durch die Straßen, befreit von allen Strapazen. Sorgen brauch ich mir keine mehr zu machen, denn ich besitze wieder mein Lachen. Eine Frau trat ein in mein Leben, blond mit hinreißenden Augen. Sie erzählte mir von Kummer und Sorgen, vom herbeigerufenen Glück, ja Vertrauen. Viele erquickliche Dinge sagt sie mir wie: „Ja ich bin glücklich mit dir." Ich sage ihr: „Das Schönste, was ich besitze, wohnt in dir, es ist die Liebe, die du mir gibst, die Inspiration für mein Gedicht. Das Vertrauen in deinen Augen. Die Farben des Regenbogens. Die Freiheit in deinen Händen, wie du streichelst meine Haare. Aus deinem Mund die Worte, wie sie berühren meine Seele. Die Bewegungen deines Körpers, wenn wir uns lieben. Die, die Leidenschaft widerspiegeln. Wenn du da stehst in all deiner Schönheit. Ja wir sind frei."

Seltsame Tage

Viele sagen „Die Augen bilden das Fenster zur Seele." Ich sage, die Augen vermögen viel mehr als das, die Augen besitzen die Tore zur Unendlichkeit, die Augen gründen die Spiegel des Universums, dort liegt das Geheimnis der Schöpfung verborgen. Die Liebe des Schöpfers entfaltet sich in der Farbenpracht, die in jedem Detail dieses Wunderwerkes liegt.

Seltsame Zeiten, bringen seltsame Kreaturen hervor. Seltsame Menschen, die seltsame Werke hervorbringen. Seltsame Tage, wenn der Regen auf dein Gesicht fällt. Seltsame Momente, wenn die Sterne vom Himmel fallen. Seltsam ist die Sprache, die ich höre. Seltsame Tage ... Seltsame Gedanken, ich will durchbrechen, lass mich durchbrechen, ich will schwimmen mit den Sternen, wenn sie fallen werd ich sie reiten, seltsame Gesichter die im Nebel verschwinden. Vögeln das Schwimmen lehren, und Fische die Fliegen satt schwimmen. Kreaturen, die aus den dunkelsten Ecken der Welt herauskriechen. Schleimige alte gierige Männer, die nach Fleisch hetzen. Kinder, die mit dem Schwert in der Hand geboren werden. Wälder, die zu Sümpfen werden. Blumen, die nicht mehr duften. Seltsame Erden. Absurde Gedanken, Krieg dominiert die Welt. Der Himmel leuchtet blutrot. Der Mond schwarz. Man hört nur noch die Stimme des Donners. Engel, die wie Blitze auf die Erde fallen. Falsche Götter, die uns verfluchen. Gib mir die Donnerhand sowie das Schwert aus den Wolken, ich werde die Flüsse teilen, wie auch den Himmel befreien. Wo ist der Wein, wo ist der goldige Honig? Kälte verbreitet sich über das Land der Heuchler. Erst fürchten sie das Feuer, zugleich heulen sie wegen der Kälte. Sie ahnen, was auf sie zukommt, doch wie es für Heuchler typisch ist, zugeben wollen sie nichts. Sie machen das, was sie am Besten können, die Wahrheit verdrehen.

Die Menschen fragen, „Was ist die Wahrheit?" Die Pharisäer antworten: „Das was geschrieben steht."

Ihr Heuchler, die Buchstaben auf Papier könnt ihr verdrehen, die Sprache die wir in unseren Herzen tragen aber nicht! Doch viele können die Worte in ihren Herzen nicht hören, wenn sie die hören, können sie diese nicht verstehen. Weil ihnen Angst in den Organen eingepflanzt wurde. Gott hat uns den freien Willen gegeben, die Heuchler nahmen es uns wieder, in dem sie uns mit Dogmen überschüttet haben.

Die Verwandten

Dem Himmel vertraut, der Erde nicht Fern, über Berge bin ich gewandert, doch nie mit meinen Füßen berührt. Flügel hatte ich nie, vom Wind wurde ich getragen, von Ast zu Ast, von Stein zu Stein, die Lieder, die ich sang, hörte selbst die Sonne, die mit ihrem Wind uns mit Wärme versorgt. Im Wasser des ewigen Flusses wurde ich gebadet, „*ES**", mich nur in Federn bekleidet. Sprich …
„Wie ist der Name deines Vaters?"
„Der Gütige."
„Der deiner Mutter?"
„Die Reine."
„Wer ist dein Bruder?"
„Der, der die Wahrheit bringt."
„Wer ist deine Schwester?"
„Die Gerechtigkeit."
„Also, der mit den Lorbeerkranz,
wer sind deine Verwandten?"
„Die Tiere."

Das Wort

Ungeahnte Kräfte entfalten sich, wenn es die Höhle verlässt, es bringt Unheil, vereinzelt auch Frieden. Es wird auf Papier gezeichnet oder in Stein gemeißelt. Es ist himmlisch wie auch irdisch zugleich. Ja, auch erwachte es zu Mensch. Von Anfang an schwebte es im Universum, doch fassen können wir es nicht, auch nicht immer erblicken, um es gleich stets zu hören. Zu klängen wird es sowie zu lauten, je nachdem, aus welcher Himmelsrichtung es kommt.

* Gott, das Universum

Durchbrechen

Da stand ich nun, nachts auf einem Feld. So weit wie das Auge
erblicken kann, nichts außer Dunkelheit. Wie kam ich hier her?
Wovor laufe ich weg? Angst ist es nicht. Ich bin Müde von der
Menschheit. Ich bin unglücklich über ihre Gedanken, sowie ihre
Taten. Sorgen mach ich mir über unsere *Verwandten**. Mit Abscheu,
um nicht zu sagen Ekel, beobachte ich ihre Gier nach Fleisch! Erst
die Gier nach Fleisch, dann die Begierde der Lust. Wo fängt es an,
wo hört es auf? Dann, wenn wir unsere eigene Art essen? Jetzt stehe
ich hier, auf einem Feld, niemand glaubt mir. Ich bin außer Atem, je
weiter ich weglaufe, desto abstrakter, absurder wird alles. Ihr fragt
euch nach dem Sinn? Ich will mich befreien vom Joch der
Gesellschaft, von unseren Vorfahren!

* die Tiere

Das Wasser ist Tod

Väter, Mütter, Eltern dieser Welt, befreit eure Kinder, versklavt sie nicht, zwingt ihnen keine Bürde auf. Das ist deren geistlicher Untergang.

Seltsame Menschen, ich begegne ihnen im Regen, sie leben seltsam.

Seltsame Menschen, die seltsame Wörter sprechen.

Ich begegne ihnen am Strand, wir stehen dort, sie bringen uns um den Verstand. Wir sitzen am Straßenrand, beobachten, wie sie zu Kreaturen werden. Ich nehme immer mehr Abstand. Von weitem sehe ich die Sonne, die immer dunkler wird.

Das Ende kommt, das Ende kommt, damit alles wieder von Neuem erblühen kann. Schau die verbrannte Erde, verkrümmte Glieder, dicke Euter, dickes Blut, alles wird zäh-dickflüssig! Das Wasser ist tot.

Schwarzer Schnee

*Götter** beherrschen die Menschen. Abgestumpfte seelenlose Männer regieren die Welt! Sie werden von ihrem Trieb geleitet. Wo bin ich? Werden wir eines Tages wieder aufwachen? Ich hoffe, es ist nur ein Traum. Seltsame Kreaturen besuchen mich nachts in meinen Träumen. Männer wie Frauen mit seelenlosen Augen starren mich an, ob sie mir etwas sagen wollen? Menschen fühlen sich bedroht, wenn man ein Mann Gottes begegnet. Das ist die bittere Wahrheit. Sprich ... „Ich bin das Kind der Freiheit, mit mir die Frau im unsichtbaren Kleid, gefolgt vom Schmetterling der Leichtigkeit." Berge bewegen sich, Flüsse, die sich kreuzen, schwarzer Schnee. Dunkelheit herrscht in den einst hellen Gassen. Vergeblich versuchen Mensch wie Tier, nach Luft zu schnappen. Dunkle Wolken lassen nicht einen Sonnenstrahl durch. Wo fliegen die Vögel hin? Ich vermisse das Gelächter der Mütter, der Kinder. Der Wind, der nichts mehr bringt, außer Tod wie Verderben.

* materielle Werte z.B Geld

Die Frau im unsichtbaren Kleid

Über die grüne Wiese laufen, den Schmetterling verfolgen, über seine Farben staunen, wie leicht, frei, unbekümmert, er doch durch die Lüfte gleitet, er ist mit der Vollkommenheit bekleidet, wie die Frau im unsichtbaren Kleid. Sie, mit ihrer Leichtigkeit, die Erde befreit, mit einem Lächeln Liebe entfaltet, mit Feuer in den Augen, vertreibt sie Kummer sowohl Sorgen. Ich traf sie beide, sie stellten sich mir vor, der Schmetterling nannte sich Leichtigkeit, die Frau, nannte sich Freiheit.

Der Geist des Feldes

Meine Liebe, hat dich der Sommerregen auch geküsst? Morgen wird dich die Sonne streicheln. Die Leichtigkeit wird dir nie von der Seite weichen. Es wird der Geist des Feldes zu dir kommen, dir seine Hände reichen. Spürst du die Angst? Nein nicht du, der du trägst das unsichtbare Kleid, gib mir, dem Kind der Freiheit, das schwere Kettenhemd, ich werde es sprengen mit der Kraft von tausend Sonnen. Der Kaiser Diktatus, sein Feldherr Republikon werden kommen, sie werden versuchen uns unsere Mutter Demokratia zu entreißen. Doch daran werden sie sich die Zähne ausbeißen! Denn der Wille zur Freiheit, wie Glückseligkeit, den kann uns keiner nehmen, weil wir stammen von unserem Vater Gerechtigkeit. Gewachsen unterm Schutz der Dunkelheit, am Tage geleitet vom Licht, versklaven lassen wir uns nicht! Der Schatten des Beobachters wird sich legen über die Nationen der Heuchler, er wird sie verdunkeln. Weißt du noch? Er ist dem Himmel vertraut, gibt alles weiter, was er sah. Empfindest du Angst mein Engel? Sie können Angst verbreiten, die Heuchler, uns, Nachkommen von Isaak und Ismael aufeinanderhetzen. Noch stolzieren sie durch die Gassen, singend, sie seien die Besten. Die Heuchler!

Fremde Welten

In fremde Welten ich reiste, da sah ich das Licht. Sehen konnte ich ihn aber nicht. Doch fühlen konnte ich ihn, hören, durch alle Moleküle. Vibrieren der Atome, das Glühen der Augen. Mir wurde warm ums Herz, weg ist der Schmerz. Im Dunklen, geführt durch das Licht. Das Lächeln der Urahnen vor meinem Gesicht. Die Kinder des Waldes, ich ziehe vorbei am Fluss des Schreckens, sehe ich die Frauen des Grauens, wie verzweifelt sie doch schauen. Eine alte Frau mit grauem Haar, bleich, an ein purpurrotes Kleid. Gefangen zwischen dicken Ästen, nackte gierige Männer schleichen am Waldrand, gefangen mit den Phallus in der Hand, nehmen sich erst die Alte, dann, eine nach der anderen. Aufhalten lass ich mich nicht, von dem Dämon seinem erzürnten Gesicht. Gott sei Dank werde ich begleitet durch das Licht, ich reise weiter, lass hinter mir diesen schrecklichen Ort, mit dem Fluss, dem Wald, dem frevelhaften Wort. In tausend Galaxien bin ich gereist, nirgends erging es rücksichtsloser als bei diesen Wesen.

Der Anfang

Am Anfang war das Licht, ein Funke, dass die Dunkelheit durchbricht. Uralte Energien sammeln sich im Raum ... das Universum entspringt. In seiner Mitte, ein Baum. Unsere Ahnen nannten ihn, der Baum des Lebens. Hier beginnt die Reise, wir reisten viele Milliarden Jahre, bis wir auf dich trafen Mutter. Du empfängst uns in deinem Schoß, aufs Neue werden wir geboren. Unser Vater, der Unendliche, formte unsere Augen aus den Sternen, damit wir nicht vergessen, woher wir kommen, dass wir wieder sterben, um wieder zurückzugelangen, um zu Leben.

Das Rauschen der Meere

Ich sehe die Lichter, das Glänzen auf die Unendlichkeit der Meere, ich lausche dem Rauschen, Menschen die sich ins Herz geschlossen haben, ein Mann aus dem Verborgenem, der sich dir nähert, dich, mit seiner Hand, leicht streichelt. Ein Mann, zurückgezogen, stets den Ausblick in weiter Zukunft, sah er am Horizont die Liebe kommen. Ein Licht, das sich formte, je vertrauter das Licht, meine Süße, sah ich dich, meine Liebe. Ein Mann, Gefangener seiner Träume, was ist ein Mann wert, der Gefangener seiner eigenen Träume ist? Verschollen im Nichts! Mit universeller Stimme sprach es mich an, ich hörte die Sterne schreien. Ein Funke in mir sich wandelt zur Flamme, diese Flamme erleuchtet derweil meine Welt.

Das Bild der Vergangenheit

Sie, Sie ist bei mir, das Licht, das mich zum Leben erweckte. In einer Welt, die nichts anderes braucht, eine Grenze vor unseren Augen, die schwindet. In einer Welt, wo Gefangene atmen, ebenso wie die nackte Realität, sich uns offenbart. Emotionen, wir lassen das Bild der Vergangenheit fallen. Jetzt wandeln wir mit offenen Augen wie auch offenen Herzen über die Welt. In einer Welt wo wir wie Gefangene leben. Atmen wir die Wahrheit ein? Unbefleckte Liebe, Emotionen. Der Geist der Vergangenheit zieht an uns vorbei. Was bleibt, ist die Liebe, das Hier das Jetzt. Was kümmert mich das Gestern, wenn der Morgen noch nicht geboren ist! Das Licht der Sonne, dein blondes Haar, deine Unschuld in deinen Augen, wir beide in einen dunklem Raum, unser Atem am Hals, die Gänsehaut am Rücken. Uhhhh das ist episch! Göttlich! Ich danke dem Herrn für das grelle helle Licht, das mich zu dir führte.

Die Biene

Ja ich bin dein Poet, mach dir dein Leben zur Poesie, ja ich bin dein Prophet, ich öffne deinen Geist, ich bin deine Biene, bringe dir Leben. Ich bin dein Fisch, mit mir die Unbeschwertheit, ich bin dein Vogel, bringe dir die Freiheit, vertraue mir, ich gebe mich dir hin, bedingungslos! Mit Liebe, mit Leib, mit Seele, wie der Poet sein Gedicht schreibt, der Prophet befreit deinen Geist, die Biene erzeugt ihren Honig, bestäubt, bringt Leben in ihre Umgebung. Seht wie die Fische unbeschwert gleiten im Wasser, die Vögel, wie sie bauen ihre Nester. All jene, die ich erwähne, sie machen es mit Hingabe.

Der nächste Sommer kommt

Über uns schwebend, jeden Tag wie Geier, gierig, korrupte scheinheilige Männer. Sie nutzen den Moment, um sich dann auf uns zu stürzen. Der Wind ist auf unserer Seite, sie können uns nicht aufspüren, nicht alle. Der nächste Sommer kommt, ich, du, wir, den Wind auf unserer Seite. Die Geier, in ihrer Nase nur der bittere Duft der Pleite. Ich, du, stehen auf einem Feld, den Wind auf unserer Seite. Er begleitet uns in dieser Stadt. Alte verzweifelte gierige Geier. Komm, spring auf, auf diesen Zug. Der Wind begleitet uns.

Mann in Not

Wenn der Sturm hereinbricht, langsam verschwindet das Licht, die See sie tobt, erhebt sich das Fischerboot, der Seemann schreit: „Mann in Not!!" Die See hat erbarmen, beruhigt sich. Der Sturm zieht vorbei. Ja es wird wieder hell.

Kinder dieser Welt

An alle Völker dieser Welt. Setzt euch ein für die Gleichheit, für die Freiheit, für den, der flüchtet, für den, der fürchtet. Für den Starken, für den Schwachen, vor allem für die, die noch wachsen, wir sind nicht hier um zu hassen, sondern Frieden zu verbreiten, wie auch Ungerechtigkeit zu unterlassen. Sind wir alle derart blind, und sehen nicht, das geschändete Kind? Seht das Kind der Freiheit, wie leidvoll, er weint. Wer ist dieses Kind? Wir, Kinder dieser Welt.

Die Angst

Du spürst sie im Rücken, nachts steht sie vor der Tür, es klopft, sie lauert an jeder Ecke, man hört Stimmen im Kopf, Serpentinen verwandeln sich in Schlagen, die Bäume versuchen dich zu fangen. Wartet, hört ihr die Stimmen? Hört ihr sie? Das Kreischen der Menschen? Sie schallen aus dem Tal des Grauen. Hört, wie der Flüsterer sie quält, sie wollen fliehen aus der Verdammnis.

Könige der Welt

Im Norden reiste ich, der König des Eises lud mich ein, es gab Fisch sowie Wein, er warnte mich mit den Worten: „Sag den Menschen, nach Worten müssen Taten folgen, eile bei, berichte." Ich fuhr los, verkündete die Botschaft. Anschließend schickte man mich nach Süden. In ein Königreich mit paradiesischen Wesen, man lud mich ein, es gab Fisch, es gab Wein. Ihr König sprach zu mir: „Höre, der Süden muss bleiben, wie er ist, denn wenn sich mein Reich, das Reich des Nordens, sich die Hände reichen, erlischt für alles Leben auf der Erde das Licht. Eile bei, sprich." Ich fuhr los, verkündete die Botschaft. Weiter schickte man mich nach Westen sowie nach Osten, auch dort lud man mich ein, zu Fisch und Wein, Wapiti sowie Irbis sprachen zu mir, sie sagten: „Bald steht kein Baum mehr, der Geist des Waldes wird kränklicher. Mutter Erde fällt das Atmen immer schwerer, bring die Botschaft." Ich fuhr zu den Vereinten Nationen, Sie, besprachen ihre Illusionen. Sie sprachen von Licht, Wasser wie auch seltene Erden. Ich unterbrach sie, ich fragte: „Was wollt ihr hinterlassen euren Erben? Ich sage euch nur Tod wie Verderben! Denn die Könige der Welt werden sich vereinen, uns Menschen, für immer vertreiben."

Die Illusion

Hat sich der Schmerz gelohnt? Die Angst? Die Verzweiflung? Das Leben ist eine Einbahnstraße, wenn man stehenbleibt, kommt es zum Stillstand. Ein Zurück? Wohin? Der Illusion der Zeit müssen wir entfliehen. Beobachte das Leben, nichts entwickelt sich zurück! Bleibt die Erde stehen, um sich abrupt in die andere Richtung zu drehen? Vogel des Friedens, flieg hoch, dein Flügelschlag trifft die, die aufrecht wandeln. Trotz Leid sowie Elend! Mit Vertrauen im Herzen, überqueren die, die nicht auf Dornen laufen, die blutgetränkten Flüsse.

Wie schmeckt der Tod

Unaufhaltsam, erbarmungslos kommt die Wahrheit über die Kleingläubigen. Werde Eins mit deiner Umwelt. Lässt sich ein Fluss aufhalten? Nur widerwillig, und dann, tritt der Tod ein! Lässt sich ein Löwe zähmen? Wenn doch, dann tritt der Tod ein! Werde Eins mit deiner Umgebung, mit Mutter Natur, ihr werdet nie den Tod sehen! Mein Kopf ist wie ein Apfel. Die Hoffnung zerbrochen, verlassene Wälder, die wir wieder entdecken. Junge Emotionen, die sich entfalten. Und ich bin wieder bei dir. Ich will mich ausruhen für zwei, dreihundert Jahre. Was für eine Farbe hat ein schöner Tag? Oder ein Klang von der Saite einer Gitarre. Was für ein Geschmack hat das Leben? Eher bitte oder süß? Die Straße ist lang, die wir gehen. Aber mein Herz ist warm. Mein Glück, gestern hab ich dich verloren, doch heute, heute traf ich dich wieder. Gestern bin ich noch vor Schmerzen gestorben, heute lebt mein Herz wieder. Was für ein Jahr haben wir? Das Universum findet Platz in mir. Der Frühling schmückt sich mit neuen Farben. Die Kraft zu leben kehrt wieder zurück, wenn ich deine Stimme höre. Ich verfolge mit meinen Augen die Farben deiner Schönheit. Nachts komm ich dich suchen, dort wo die Sonne schlafen geht. Dort bleiben wir stehen, bis eine rote Rose blüht. Wir schließen die Augen, um etwas auszuhalten, was es nicht gibt. Wir verstehen es nicht … Nennen wir sie Emotionen. Wenn wir wiederkehren vom Berg, werden wir fürstlich essen und trinken.

Der Mond feuerrot bei seiner Geburt, am Fluss der Hoffnung setzen wir uns hin, und beobachten die Sterne am Himmel. Betörend die Farben, vollkommen, episch! Ich danke dem hellen grellen Licht, für dich, für alles was mich, dich, uns alle umgibt. Fluss der Hoffnung, die Tiefe des Waldes, die Unendlichkeit der Meere.

Auf der anderen Seite des Flusses, der Mond, die Sterne, der Tod, der auf uns wartet. Bis dahin lebe ich im Garten, mit den Sternen und den Tieren. Vollkommen, schön ... wohin würdest du gehen, wenn du allein wärst? Die Wüste durchlaufen, am Schluss den Tod umarmen.

Was für eine Farbe hat der Tag? Was für eine Farbe hat die Liebe? Wie schmeckt der Tod? Was ist schlimmer, der Schmerz oder die vollkommene Stille? Das Abenteuer ist dann zu Ende, wenn die Geschichte anfängt. Lass uns Leben und unsere Gegenwart verändern, damit unsere Geschichte von unseren Nachkommen auch mit Herz gelebt und erzählt wird.

Die Menschen sind Tod

Seht, die Welt ist tot, die Menschen, tot, die Tiere, tot, das Wasser ist tot, Ihr wartet auf die Hölle? Ihr wollt in einen Himmel? Ihr glaubt, dass Ihr durch euere Gebete erhört werdet? Ich sage Euch dies ... Ihr werdet erhört, doch der Vorhang ist gefallen! Das Licht erlischt, die Show ist vorbei, Ihr könnt wieder zurückgehen, zu euren Lieben, sagt ihnen, wie Ihr sie liebt. Sagt ihnen sowie ihren Nachkommen, wenn Ihr nicht das Gebot des Lebens achtet, seit Ihr Geächtete!

Verlassene armselige Seelen, die ziellos umherirren, oh Gott vergib ihnen, denn sie wissen nicht, was sie treiben. Oder doch? Verstehen sie es? Was treibt sie an? Hunger? Durst? Einfach nur das Ausüben von MACHT? Das Demonstrieren von Überlegenheit. Straßen werden zu Sümpfen!

Mitternachtstraum

Mitternachtstraum, ich glaub es kaum, ich sehe dich, im Vollmondlicht. Sein Licht berührte dich, du nimmst meine Hand, wir fliegen zum Mond, dem Erdtrabant. Wir berühren die Sterne, die Sterne berühren uns, wir entspringen vom Mond, die Sterne, das Licht, das Universum.

Das Monster

In der Nacht erwacht das Monster in mir, rasend wie ein Stier, brüllend wie ein Löwe, im Sturzflug wie eine Möwe, auf der Jagd? Will es fressen? Ich will es vergessen. Ruhe kehrt ein, ich erwache, niederträchtiger Dämon, sitzend auf ein Baum, zum Glück nur ein Traum.

Ohne Seele

Augen öffnen, ja blind sein, ein Herz pocht, das Blut es kocht, ein Mund im Gesicht, doch reden tut man nicht.

Die Eroberer

In Schlachten wurden sie geschlagen, Länder wurden erobert, Menschen getötet, Göttern Opfer gebracht. Frauen misshandelt, Kinder gezeugt, um ihre Gene zu verwurzeln, mit aller Macht. Im Sumpf ertrunken, Kampflieder gesungen, „Schritt für Schritt Kamerad, wir treffen uns um Mitternacht." Was hat es ihnen gebracht? Tod wie Verderben, ihnen sowie ihren Erben. Die Welt ist nicht genug, die Welt, Himmel sowohl Erde. Erbärmlich. Der Machthaber schreit, tobt voller Wut, „Ressourcen müssen her! Ich schick mein gesamtes Heer, Granaten, Panzer, Maschinengewehr. Zerstört, vernichtet, viel Blut, löscht sie aus deren Brut." Mit einem Mal wird es leise, Stille macht sich breit, überall Rauch sowie Leid. Alte Männer, Frauen wie Kinder, es wird noch unmenschlicher, Hunger! Tränen befeuchten die heiß blutgetränkte Erde, hat es sich gelohnt? Für eine Handvoll Brot. Hoch zu Ross galoppiert er durch die Steppe, nichts dabei außer einer Decke. Ein bisschen Wasser, ein Stück Brot. Er sucht sich einen Ort. Niederlassen an einem gewaltfreien Platz, ein sicheres Land, immer grün niemals kalt. Einst ein selbstbewusster Häuptling, geschmückt mit einer Feder, Kleidern aus Leder. Begleitet vom eindrucksvollen Wolf, sowie einem sagenhaften Adler. Einst ein einflussreicher Stamm, mit vielen Kindern, viel Tamtam. Tagsüber sangen die Frauen Lieder, nachts tanzten die Männer am Feuer, im Einklang mit der Natur, nebst den Tieren, lebten sie im Frieden. Wir mischten uns ein, gaben ihnen Namen, brachten alles aus dem Gleichgewicht, mit was für einem Gesicht. Des Öfteren schäme ich mich, Europäer zu sein. Der weiße Mann ist ein Schwein! Wo entspringen die majestätischen Völker? Die Krieger, wie ihre Stammesführer? Die Schamanen. Die Geister, die sie riefen. Die Bäume, die sie liebten. Die duftenden Gräser. Der Bison?

Der spirituelle Kämpfer

Kämpfend für die Freiheit, für die Freiheit der Seelen. Nach Glückseligkeit strebend. Wachend über alle Wesen, im Dienste des Schöpfers, gegen die Barbarei sowie Tyrannei, gegen das habgierige System, der sogenannten neuen Weltordnung. Ein Menschenleben ist nichts mehr Wert. Die Würde wird mit Füßen getreten. Die Liebe, verkauft wie erschwingliches Fleisch an der Theke. Man lebt in einer Welt der Pornografie. Frauen werden behandelt wie Vieh. Männer gezüchtet wie Schweine, denken immer nur an das Eine. In was für einer verwirrten, verkorksten Welt leben wir? Wo bleibt die Zweisamkeit? Wo ist die Vernunft? Man zwinkt uns zur Arbeit für eine Handvoll Brot! Ich kämpfe für die Freiheit der Seelen, selbst wenn ich daran sterbe. Ich kämpfe für die Zweisamkeit, ich bin dafür bereit. Es ist Zeit für die sorgenlose Freiheit. Eher leben von der Hand in den Mund, und nicht ein Dasein in Scheinheiligkeit. Die Zeit, die man hat, nutzen für die Liebe, die Nähe des Partners genießen. Der Schöpfer hat uns nicht erschaffen, um einsam zu sein. Ist die Arbeit bedeutsamer als die Liebe? Das Geld wertvoll wie die Familie? Kämpft gegen die Tyrannei! Kämpft für die Freiheit! Kämpft für die Liebe! Für das zusammen sein. Kämpft gegen die Männer wie Frauen, die euch die Seelen aussaugen. Kämpft, seid dennoch verzeihend sowie barmherzig. Sagt aus tiefsten Herzen, „Ich Liebe dich", nutzt die Zeit! Geißelt euch nicht selbst. Geld kommt, Geld vergeht. Miteinander schafft ihr alles mit Leichtigkeit, im Alleingang ist es schwer wie auch hart. Helft euch gegenseitig, seid füreinander da, denn Gott ist euch nah. Alles Geld sowie Materielle ist vergänglich, die Liebe, lebt unendlich.

Die Stimme der Tiere

Sag allen Menschen, die du siehst, sie müssen der Stimme folgen, die Stimme, die sich formt wie ein Bogen, Wörter schießen wie Pfeile, landen weich wie Rosen.

Seht die Schlange, wie sie kriecht und zischt, die Ahnen mit deren falschen Gesicht, verurteilt vom höchsten Gericht.

Nach der Verurteilung kommt es zu Tummelten,

„Hört, hört …"

Eine Stimme, ein Husten, alles ist still. Der Richter spricht, dessen Urteil hat Gewicht.

„Ich bin, Leben sowie Tod, Feuer wie Wasser, ich bin Leid, ich bin Glück. Ihr aber seid weder Engel noch Mensch, weder Teufel noch Tier, ihr seid, NICHTS!"

Kaum sprach der Richter die letzten Worte, sterben die Ahnen tausend Tode. Die Menschen flüstern, „in hundert Jahren kommt ein Bote …", die Älteste schweigt, weint, ihr Gemahl, ballt die Faust, ja er schreit,

„Noch vor Sonnenuntergang, erheben sich die Tiere, die Bienen kommen, gefolgt von Vogelgesang. Die Ameisen tragen auf ihren Rücken des Menschen Sarg."

Ein Mann aus der Mitte erhebt sich „Was geschieht mit den Kindern sowie Frauen?" „Ihr könnt sie verstecken, sie gen Himmel strecken, wer überbleibt, wer nicht, entscheidet nur das Gericht."

Der Löwe und das Kind der Freiheit

Die Savanne, heiß, trocken, ein heranwachsender Löwe, er stolziert durch die trostlose Gegend unerschrocken. Auf der Suche nach Wasser sowie Futter begegnet er einem Kind. Der Löwe spricht das Kind an, „Kind, hat dir niemand erzählt, das es hier in dieser Gegend der Welt, gefährlich ist?" Das Kind antwortet mit einer friedlichen Stimme, „doch, ich bin im Bilde."

Der Löwe wundert sich, „dennoch bist du hier, ich könnte dich auffressen, ich bin ein Raubtier, machtvoll. Man nennt mich auch König der Tiere." Das Kind lächelt, pflückt eine Blume und sagt, „wahrlich ihr seid machtvoll überdies gewiss seit ihr König, doch ein Räuber das seid ihr nicht." Der Löwe stapft mit seiner Tatze auf den Boden, sodass es staubt. Schnauft kräftig durch die Nase und sagt, „die Menschen nennen mich genauso. Doch rauben kam mir nie in den Sinn, wild ..." der Löwe lacht, „ich, wild, bin froh, wenn ich genieße, meine Ruh." „Was denkt ihr, warum man euch derart beschreibt?" fragt das Kind. „Ich denk, sie meinen zu glauben, alles, was auf Mutters Boden keucht und läuft, ihnen gehöre. Doch niemand hat ihnen dieses Recht gegeben. Nicht ich, kein anderer König der Tiere."

Das Kind nickt, erzählt dem Löwen, „Gewiss, ich fuhr zum König des Nordens, der König des Eises, im Süden, im Königreich mit zauberhaften Wesen. Wapiti wie auch Irbis, die Könige des Ostens wie des Westens, warnten mich auch, bei all denen hauste ich, in dieser Sekunde, stehe ich hier vor dir. Gebe Preis von der Schöpfung vom höchsten Gericht. Ihr seid jetzt frei, es ist geschehen. Die Bomben sind gefallen, das Feuer hat alles abermalig zum Leben erweckt. Ihr dürft derweil das sein, wozu Mutter euch hervorgebracht hat."

Das Licht der Welt

Könnt ihr es alle sehen, die kristallblauen Seen, all ihre herrlichen Wesen? Steht auf, seht her wie sie leben. Ja ...

Wenn die Sonne untergeht, der Mond aufsteht, man nur noch die Schatten der Häuser sowie Bäume sieht, verfolgt das letzte Licht am Horizont. Der Schlaf, der langsam kommt, der Schöpfer uns dann mit Ruhe versorgt.

Stille ... träumen ... die Seele fliegt auf Reisen.

Mystik

Im Geiste, im Inneren, in der Stille, im Verborgenem, das Licht, jeden Tag, wenn es die Nacht durchbricht, trifft mich, trifft dich, trifft uns, im Geiste, in der Seele, im Inneren, im Verborgenen.

Lichtwesen

Umgeben vom warmen hellen Licht umarmt euch die Welt, trägt ein Lächeln im Gesicht. Als Lichtwesen seid ihr geboren, vertreibt Kummer wie Sorgen. Amen sage ich euch, kann die Sonne nicht nur Wärme abgeben, weil sie von innen heraus heiß ist? Kann nicht ein Baum nur Früchte tragen, weil es auf fruchtbaren Boden steht? Amen sage ich euch, selig seien die, die Vertrauen innehaben. Wie die Sonne vertraut im Spender des Lichts, der Baum durch fruchtbaren Boden Früchte gibt. Das größte Geschenk was wir erhalten, ist die Liebe, die Freiheit und der freie Wille. Der freie Wille ist unantastbar. Die Freiheit unbezahlbar. Die Liebe allgegenwärtig, unerklärbar.

Im Feld der Rose

Geschmiedet in der Himmelswerkstatt, geboren, erschaffen aus klarem Licht, frei gelassen durch die Unendlichkeit, erblickte ich das Licht der Welt. Da traf ich dich, lagst da in einem Feld aus Rosen, unterm Himmel frei geboren, über Zweitausend Jahre bezahlten wir die Einsamkeit mit unzähligen Tränen. Immer wieder kam ich mit der Hoffnung in meinen Händen, die Verzweiflung in den Augen, über zweitausend Jahre voller Leid als Schmerz, auf diesem Feld traf ich dich.

Einst kam ich aus einem fernliegenden Land, mit Liebe im Herzen, doch nichts in der Hand. Umgeben von vielen Menschen, die versuchten mich zu lenken. Ich wanderte tausend Jahre, versuchte, mich zu erinnern, wo es war.

Der Wanderer

Wer bin ich? Ein Wanderer auf dem Weg in die Unendlichkeit. Der auf der Straße der Erkenntnis, gefunden hat, die Glückseligkeit.

Am Rande der Welt

Ich sitze am Meer, und schaue mir den Sonnenuntergang an, erinnere mich, wie alles begann. Das wohltuende Farbenspiel am Horizont, ein Kutter, der die Netze einholt. Im kleinen Hafen nebenan steht eine alte Kirche, von Anfang an. Eine Frau spricht zu mir, „Sieben Milliarden Jahre hat es gebraucht, um all das, ES, Leben einhauchte, alles, was du siehst, alles, was deine Augen erblicken können, glaube mir, es ist die Wahrheit, es ist für die Ewigkeit.“

Vergessene Tage

Zu Fuß wandern, von einer Stadt zur anderen, vom kleinsten Ort, von Dorf zu Dorf, mit Liebe im Herzen, verscheuchte er Schmerzen. Mit reiner Seele bewegte er Berge. Mit offenem Geist, er die Welt bereist, bis heute, und für alle Zeit. Ein immer brennendes Licht, gekommen ist die Zeit, lasst ab von Sorgen wie Leid, er hat uns gezeigt, die Angst, die wir in uns tragen, ist Angst, aus vergangenen Tagen, das Böse ist längst besiegt, es ist die alte Angst, die noch durch uns kriecht.

Der Wind

Ein Hauch, ein Flüstern, ein warmes leichtes Gefühl im Bauch. Der Wind, er trägt mich, er hält mich, er macht, was er will. Er brüllt, er schimpft, er macht mich taub und blind, er nährt mich, ja er wärmt mich, der Wind, unsichtbar, blind, ich kann ihn nicht greifen, er mich aber streicheln, ich kann nicht gegen ihn kämpfen, er aber gegen mich und das nicht selten. Er bringt mir Leben, lässt mich sterben. Der Wind.

Das Ende der Welt

Steh auf, siehst du nicht den Regen?

Wie er fällt, wie es staubt, den Wind will ich bewegen, die Wolken wegschieben, komm mit, wandle mit mir zusammen, bevor wir alle fallen, der Boden sich aufreißt, mehr noch, uns die gewaltige Flamme beißt. Es ist nicht zu spät, solange sich die Erde noch bewegt, denn wenn der Tag kommt, wenn der Mensch alles wegbombt, dann wird der Himmel die Erde berühren, die Pole sich die Hände reichen.

Die Meere sich heiß sowie kalt anfühlen.

Steh auf, folge mir nach Süden, wir werden zusammen die Wolken wegschieben. Zusammen am Ende des Regenbogens stehen, wir werden dortbleiben, zuschauen, wie die Engel auf Wolken reiten.

Das Gericht

Der Untergang naht, für diejenigen die richten, Groll werden sie
ernten, wegen ihrer Überheblichkeit. Und der Zorn Gottes wird sich
gegen die richten die sagen, sie kämpfen in seinem Namen. Ekel,
Abscheu empfinde ich bei den Gräueltaten.

Die Erkenntnis

Ihr verfügt über die Erkenntnis, dass ein Auto ohne Motor nicht
fährt. Ein Mensch ohne Herz nicht lebt, ein Baum ohne Wasser
keine Früchte trägt. Ein Leben ohne Samen nie entsteht, das, wenn
die Welt sich nicht dreht, alles untergeht. Ohne Mond das Meer die
Erde überschwemmt, ein Vogel wie ein Stein vom Himmel fällt,
wenn er seine Flügel nicht schlägt. Diese Kenntnis besitzt ihr, sagt
dann, das Universum ist durch Zufall entstanden? Alles braucht
Energie, den Zufall gab es nie!

Statuen Bluten

Mit der Axt der Walküre sowie mit dem Hammer des Donners wird die Wahrheit über uns kommen. In Scharen werden die Wesen der Unterwelt sowie die des Himmels über die Welt kommen. Wer denkt, sie werden gegeneinander kämpfen, der irrt. Nein, sie werden gegen die Feinde Adams kämpfen noch dazu gegen die falschen Götter, die sie in unsere Welt hinein ließen. Der Flüsterer hat uns alle hinters Licht geführt. Die Dämonen, die die Tore der Unterwelt wie, die des Himmels verschlossen halten, tragen keine Macht mehr. Langsam erlischt die Macht des Flüsterers. Die Elite des Grauen verliert an Glaubhaftigkeit. Jede Schreckensherrschaft hat ein Ende. Wann werden die Anhänger der Hure es erkennen, Babylon wird fallen! Der Geist der Wahrheit ist im Kommen, der Geist der Wahrheit wird die Bücher der Bücher entlarven. Die Machenschaften der Heuchler, die in ihren Kathedralen sowie Palästen hausen, werden ans Licht kommen. Die Altäre werden bluten, ihre Statuen werden schmelzen wie Kerzenwachs. Vom hohen Ross werden sie fallen und sich das Genick brechen. Bei anderen färben sich die Fingernägel schwarz, ihre Haut wird faulen. Die sieben Plagen werden sich nicht mehr auf ein Land beschränken, nein, Kontinente werden drunter leiden.

Sieben Reiter

Seht, sie werden freigelassen, sieben Reiter werden es sein, einer nach dem anderen kriechen sie aus dem Rachen des Drachen. Geboren im Schoße von Babylon. Wie war es noch, wie wir alle eine Sprache sprachen? Außerdem, was geschah, wie wir zu den Sternen griffen? Wo leben wir jetzt? Wir sehen uns alle zivilisiert, modern, denken wir besäßen Allwissenheit. Doch ist die Wahrheit eine andere. Wir müllen alles voll, die Meere, die Wälder, wie Barbaren, die alles vernichten!

Die letzte Hoffnung

Ich klammer mich mit der letzten Hoffnung an einen Grashalm. Wie kleingläubig von mir zu denken ich könnte es wieder einpflanzen. Ist es der Glaube, die Hoffnung wie die Liebe, die uns am Leben hält? Wo bleiben all jene, die wie Heu Geld hatten? Und jetzt ihr Heuchler könnt ihr es nehmen, um Feuer zu machen, essen könnt ihr es nicht. Der Mensch betrachtet das Leben auf der Erde als Übergang und vernachlässigt sein Heim, was von Gott gegeben wurde. Wie können wir uns auf das Leben freuen, es genießen, wenn wir doch denken, dass wir die Erde, unser Heim, jeden Moment wieder verlassen werden?

Das Gedicht

Was ich sehe, wenn es dunkel ist? Licht. Was sehe ich, wenn es hell ist? Noch mehr Licht! Und, wenn ich meine Augen schließe? Die vollkommene Schönheit deines Seins. Und wenn ich sie wieder öffne, dann sehe ich dich, den Himmel, die Natur, die Steine, Sein Gesicht, wie ich sprech dieses Gedicht. „Sag mir Kind, was ist die Natur?" „Die paradiesische Symphonie, die ich je hörte." „Und die Steine?" „Ewiges Leben." „Das Gesicht worüber du schreibst dieses Gedicht?" „sein Gesicht? Die Vollkommenheit des Universums! Mein Gedicht, das Tor in die Unendlichkeit!"

Die Welt in Flammen

Sintflutartig fällt der Regen auf die Erde. Flüsse werden zu reißenden Strömen, Sterne die vom Himmel fallen, die Welt steht in Flammen. Seht, geändert hat sich nichts. Von Anbeginn der Zeit bekriegen sich die Menschen untereinander. Als wäre es nicht genug, haben sie auch noch unserer Mutter den Krieg erklärt. Die Mutter weint, der Vater tobt! Und wir, rebellieren wie die kleinen Kinder. Es ist nie genug. Erbarmungslos schlachten wir alles nieder. Wir wollen es jetzt, sofort! Was ist der Grund? Etwa weil wir vergessen, woher wir entspringen? Oder zwingen uns die verdrehten, wie abstrakten Worte unserer Vorfahren, die uns verwirren, demnach wir falsch deuten? In die falsche Richtung lenken? Ich denke ... es ist, wie wir die Zeit wahrnehmen. Die Realität, das es ein Ende gibt hier auf Erden, die Angst des Wegfalles, das weltliche Loslassen, ich denke ... das aus dem Unterbewusstsein manche Menschen in einer Art Panik verfallen. In eine kollektive Panik, nicht sichtbar, sondern unsichtbar, schleichend. Anders kann ich mir unser Verhalten gegenüber Mutter Natur, wie alles, was auf ihr lebt, nicht erklären. Vom Empfinden der Zeit ist die Menschheit noch wie ein einjähriges Kind, das gerade erst laufen kann.

Mutter Erde

Bekomme keinen Kummer, Sternenstaub liegt in der Luft, und nachdem alles gerichtet ist sowie nichts mehr auf seinem Platz steht, wird er niederkommen und sich über dein Haupt legen wie eine warme Decke. Das heilige Wasser aus den immer fließenden Fluss wird dich wieder beleben. Unsere Liebe wird deine Nahrung sein. Sowie unser Hass dich vorher verhungern lies. Wie viel Leid, Schmerz wie Trauer kann ein Mensch ertragen? Wie viel leid kannst du noch ertragen, Mutter aller Mütter? Deine Tränen das Lebenselixier aller Leben. Was maßen wir uns an, alles besser machen zu wollen als du! Deine Perfektion, all die Dinge, die du uns gibst. Dein Wissensschatz den wir missbrauchen, deine Schönheit, mit der wir uns messen. Deine Klänge, deine Musik, mit deinem Chor erschaffst du eine Symphonie. Ohne Mühe erschaffst du die malerischsten Gebilde. Deine Architektur ist einzigartig, dein Verständnis für Kunst, einzigartig! So wild wie wunderschön lässt dich nicht zähmen. Du erfindest dich immer wieder aufs Neue. In jeder deiner Faser steht Evolution sowie Revolution! Deine Wutausbrüche sind zerstörerisch wie belebend zugleich.

Ich bin

Eines Nachts ging ich die Straße entlang, auf den Weg zu dir, traf ich ein Tier. Er hielt mich an und sprach zu mir. „Was tust du hier? Wo willst du hin? Weißt du, wer ich bin?" Ich schaue ihn an und antworte ihm, „was ich hier tu, weißt du bereits. Wo ich hin will? Ich möchte zu meiner Frau. Wer du bist? Das weiß ich nicht." „Wer ich bin, das sag ich dir, ich bin mal Mensch mal Tier, mal Wasser mal Feuer, mal ein Baum und mal ein Traum." „Ja bist du ein Geist?" „Nein ich bin der, der *Ich bin,* heißt." „Der, der ich bin, heißt?" „Ja, ich bin dein Vater und dein Sohn, dein Gewissen und dein Wissen. Ich bin das Meer und die Geburt, ich bin die Luft und die Vernunft. Ich bin, Nord, Süd, West und Ost. Ich bin dein Brot. Ich bin die Erde und die Sterne. Ich bin der Mond und die Sonne, weißt du jetzt, wer ich bin?" „Ja, du bist die Vergangenheit, Gegenwart und die Zukunft. Du bist, Leiter und Begleiter. Du bist die Liebe, die Hoffnung und das Licht. Du bist Körper, Geist und Seele. Du gabst mir das, was ich jetzt lebe. Die vollkommende aufrichtige Liebe! „Ja ich bin der, der dir hilft, wenn du es willst, bin der, der dich verlässt, wenn du es zulässt. Ich habe hundert Namen, einer davon ist Leichtigkeit. Ich bin die Unendlichkeit, immer da, war schon hier bevor alles geschah. Vor mir herrschte das Nichts. Weil ich, ich bin, bin."

Der Traum

Seelenlose Nacht, was ist geschehen? Ich falle in Ohnmacht. Erst ein, dann zwei Gesichter, die erscheinen, um wieder zu erblassen. Lass mich aufwachen. Endlose Nacht! Kinder des Lichts gebt auf euch acht. Lass die Fackel des Lichts immer brennen. Seht, dort auf den Berg steht eine Hütte. Vor der Hütte wacht ein Hund. Er gibt mir zu verstehen, dass ich hinein soll. Ich betrete die Hütte, dort, wo der Kamin steht, sitzt ein kleiner Junge. Ich frage ihm, „Wer bist du?" Er, „Wie oft willst du mich das noch fragen? Du trafst mich nachts auf dem Weg zu deiner Frau, damals entsprang ich eher wie ein Wolf, später, trafst du mich in der Wüste, in Gestalt von einem erwachsenen Mann. Jetzt, erschein ich dir in Form eines Kindes, wer bin ich?" Ich antworte, „Ich erinner mich nicht." Seine Augen fangen Feuer, er erhebt seine Stimme. „Ich bin der, der ich bin! Die Vergangenheit, die Gegenwart, die Zukunft. Ich bin das Leben, der Tod, zugleich die Auferstehung." Schlagartig verspüre ich Wärme, Glückseligkeit legt sich wie eine Decke über mein Haupt, ich wache auf, neben mir liegt meine Frau. Sie träumte von einem Hund, einem Kind sowie ein Haus.

Die Sünde und die Tugend

„Menschenkind, der du trägst die Worte des Menschensohnes im Herzen, sprich, was bedrückt dich?"

„Mein Licht, der aus der Dunkelheit zu mir spricht, was mich bedrückt ist in einfachen Worte nicht zu erklären. Ist es die Gier, die mich lähmt, der Neid, der mich quält, die Völlerei, die mich aushungert, die Wollust, die mich immer wieder wundert, der Menschheit Hochmut, die sich mit Worten hochhält aber, wo es an Büchern mangelt? Träge wandelt der Geist, deren Zorn ihnen den Weg weist."

„Ist es nicht die Demut, die dich fernhält von der Gier, deine Milde die zähmt den Stier, deine Geduld gegenüber den Ungeduldigen, deine Keuschheit gegenüber den Tieren? In Maßen ist dein Urteil, mit Wohlwollen begegnest du den Menschen, mit Fleiß in Worten der Liebe. Lebe dein Wort, wandel sie um in Schrift und Buch. Und dann trage es im Herzen."

Das Geheimnis

Am Tag der Tage wirst du mich erkennen, doch bis dieser Tag kommt, werden noch viele Tage vergehen. Noch ist vieles ein Rätsel und manches ergibt keinen Sinn, man lehnt mich ab, man beschimpft mich. Man wird mich vergleichen mit dem Bösen, und mich der Lüge beschuldigen.

Die Bestie von Babylon

Am anderen Ende, dort stand ich nun, mit geballten Hände, Wut, Trauer und Glück, verschwinden Stück für Stück, was bleibt zum Schluss? Des Menschenfleisches Genuss? Verbrannte Erde! Kauernd, winselnd liegt er nun da, bettelnd nach einem Schluck Wasser. Der Mensch, die Bestie von Babylon. Gleichgültigkeit verbreitet sich, wie Gift nach einem Schlagenbiss. Der Mensch hat versagt, die Luft ist raus. Mutter und Vater, sie sprachen zu uns, und wir hörten nicht zu. Arroganz verdunkelt Herzen. Die Habgier verursacht in uns Schmerzen. Der Neid verpestet unsere Mägen und Leber. Die Wollust verwandelt uns zu Bestien im Kerker. Habt ihr Angst vor dem Feuer? Ihr seht das Elend der Welt nicht, wie wollt ihr dann das Elend in euch sehen? Verbrannte Erde, die Menschen laufen wie auf Dornen, und schlafen wie auf Nägel. Seht, der Engel des Todes fliegt schon länger über unsere Köpfe, doch ihr seht ihn nicht, denn das Gift lässt euch nicht aufrecht stehen.

Danke

Ich danke dem Herrn für das grelle helle Licht, das Licht, dass mich in meinen dunkelsten Stunden lehrte, auf meinem Herzen zu vertrauen, weil an jenem Ort, ES, seinen Tempel erbaute.

Das Leben danach

Nun ist es so weit, die Atombomben sind gefallen, die Erde verseucht, die Menschen haben es nicht verstanden. Tiere und Pflanzen verschwinden, das ist das Ergebnis ihrer Gräueltaten. Die Welt, sie brennt, Flammen umhüllen unsere Mutter, die Meere und Flüsse kochen, was bleibt, nur Knochen. Von Weitem hört man das Kreischen der Menschen und das Heulen der Pflanzen. Die, die Schutz suchen in Höhlen, werden heimgesucht von Seuchen. Wochen, Monate der Qualen vergehen. Und plötzlich Stille, Totenstille.

Die Ankunft

Seid ihr angekommen? Seid ihr alle angekommen? An diesem Ort, von dem ich sprach? Habt ihr alles mitgenommen? Wer ist zurückgeblieben? An alles habt ihr gedacht. Euer Hab und Gut. Sogar das Feuer. Und jetzt? Was ist besser als vorher?

Ich bin angekommen, an diesem besagten Ort. Hab es angenommen, will nie wieder fort. Werde jeden Tag neu geboren, jeden Abend und jeden Morgen. Ja, früher bin ich an jenen Tagen gestorben. Hab gebetet, die Engel haben mir geholfen. Wie viele Male hab ich angeklopft, gerufen und gehofft. Ja, ich bin angekommen, ich bin zu Hause.

Morgentau

Das Licht erstrahlt, die Welt sie lacht, die Engel singen ihre Lieder, für die Mütter und ihre Kinder. Das Meer blau, und dann der Morgentau. Das Kind es lacht, an Mutters Brust, denn der Vater hat sie geküsst. Jetzt muss er raus, aufs Feld hinaus. Das Kind es spielt, die Mutter singt.

Die Elemente

Seht wie das Blut durch eure Adern fließt, und eine Blume aus dem Erdreich sprießt. Ein Fluss immer seinen Weg findet, und der Mond die Meere an sich bindet. Ein Fels prachtvoll in der Brandung steht. Mit wie viel Grazie sich unsere Welt um ihre eigene Achse dreht. Die Vögel mit Leichtigkeit in die Lüfte steigen. Winde sanft um sich greifen und dann den Sand kilometerweit vor sich hintreiben. Heiße flüssige Gesteine werden zu reißenden Flüsse und bahnen sich Wege durch den dicken Mantel der Erde. Neues Land, neues Leben entsteht!

Liebe

Die Liebe erklären? Wie will man die Liebe erklären? Kann man
Gott erklären? Kann man es verstehen? Ich versuche, dass was ich
fühle wieder zu geben. Ohne Zweifel, sie ist einzigartig! Sie ist
atemberaubend. Und erst recht, wenn man es versteht und den
Emotionen freien Lauf lässt. Doch erklären? Wie viele Bücher
wurden schon geschrieben? Wie viele Menschen haben es versucht?
Es ist immer ein Tropfen auf einem heißen Stein. Die Bibel mit all
ihren Weisheiten, mit all ihren Geschichten und Gleichnissen, allein
»nur« um Gott zu erklären. Die Liebe erklären? Es ist keine
Wissenschaft! Man kann sie nur fühlen. Denn die Liebe ist göttlich!
Viele wollen beweisen und erklären, was man nicht sieht. Öffnet das
Herz und ihr seht alles! Die Pracht des Universums öffnet sich vor
euren Augen. Denn wenn das Herz taub ist, dann ist man blind. Die
Liebe ist wie ein neugeborenes Kind, unschuldig, zart, sorgenfrei,
leicht, unbeschwert, nicht nachtragend und immer verzeihend. Man
soll sie pflegen wie einen Samen, den man einpflanzt und es
gedeihen lässt zu einer zarten kleinen Pflanze. Die zarte kleine
Pflanze wächst zu einem starken Baum. Der alles standhält. Der
alles übersteht. Jede Dürre, jeden noch so verheerenden Sturm.
Manche mögen sagen, „Aber auch ein Baum stürzt, möge er noch so
lange leben. Oder eine Pflanze irgendwann nicht mehr blüht." Und
ich sage, dort wo ein Baum fällt, wachsen neue Bäume, und dort wo
eine Blume verwelkt, wachen hundert neue Blumen.

Hochmut

Das Licht der Welt, wie es strahlt, wie es mir gefällt, hell, warm, belebend, schön und grell.

Sieh, wie der Wind die Blätter erhebt, und sie leicht in die Lüfte gleiten. Und der Regen alles befeuchtet. Die Sonne, das Licht und die Sterne zu jeder Zeit die Erde begleiten. Der Schutz der Berge, die Bäume wie sie emporragen. Hörst du sie sprechen? Sieh wie die Wolken sich im Wasser widerspiegeln. Sieh wie sie sich bewegen. Von Norden nach Süden, und von Westen nach Osten. Sie wandern, sie bevölkern. Ihnen gehört die Welt. Den Bäumen, den Pflanzen. Sie leben! Sie erlauben uns zu bleiben. Solange es ihnen gefällt. Denn was besäßen wir ohne sie? Eine Spezies, die zerfällt! Denn nach Hochmut kommt der Fall.

Das Kleid der Vergangenheit

Es ist unsere Welt, eine Welt, wo wir alle Gefangene sind, zusammen mit dem Geist, der das Kleid der Vergangenheit trägt. Ich will sitzen am Grund der Meere, und die Wale über mich gleiten sehen, ich will sitzen oben auf den Wolken, und von dort die Menschen beobachten. Ich will mit dem mächtigen Steinadler auf dem höchsten Baum der Welten sitzen, er mir dann die nackte Wahrheit offenbart. Junge Emotionen sich daran beteiligen, damit wir eine Einheit werden. Während wir ein Schmetterling auf einem Feld verfolgen, werden wir die Freiheit entdecken.

Epilog

Ich stand am Fuße des Berges, und mein Atem blieb stehen, als ich bemerkte, dass die Erde unter meinen Füßen bebte. Doch als sich die Erde dann in Windeseile wieder beruhigte, und sich wie aus dem Nichts ein Mann mir zeigte, fragte er mich seelenruhig, warum ich Angst bekäme. Ich antwortete: „Mein Herr, ich sah das Ende vor meinen Augen." Der unbekannte Mann lächelte und sagte: „Du kleingläubiger, der Boden, auf dem du stehst, der lebt. Der Berg hinter dir sprach zu mir. Er ist wütend wie ein Stier, und noch wesentlicher ist sein Kummer. Weil der Frieden und die Liebe unter den Menschen nie auf Dauer ist." Rasch beruhigte ich ihn wieder und erklärte ihm, dass die Menschheit noch blutjung und unerfahren sei und hilfslos wie ein Kleinkind. Es kommt der Tag, dass sie weise erblühen werden, wie die Pflanzen und die Berge. Wenn sie aufhören sich zu unterscheiden, zwischen Religionen und Nationen, wird an diesem Tag die Welt aufs Neue geboren.

Zeitfracht Medien GmbH
Ferdinand-Jühlke-Straße 7
99095 Erfurt, Deutschland
produktsicherheit@kolibri360.de